Impressum

Band 9 der Reihe „Schau, so geht das!“
Velber-Verlag

Illustrationen: Detlef Kersten
Coverfoto: Christoph Schmotz
Experimente-Fotos: Christoph Schmotz (9, 11, 13, 15, 17, 19, 21, 23, 25, 27, 29, 31, 33, 35, 37, 39, 41, 43, 45)
sonstige Fotos: Flugschule Dreyeckland / NOVA (26); Picture Alliance (8, 10, 12, 16, 18, 20, 32, 34, 36, 38, 40, 42); Christoph Schmotz (44); Ulrike Berger (14, 22, 24, 28)

Text und Redaktion: Ulrike Berger
Layout: Anja Schmidt
Repro: Baun PrePress, Fellbach
Druck und Bindung: Proost, Belgien

Die Luft-Werkstatt

Spannende Experimente mit Atem, Luft und Wind

Viele spannende Experimente zum Thema Luft, Atem und Wind warten in diesem Buch auf euch. Was ihr dafür braucht, gibt es in fast jedem Haushalt. Manche Experimente könnt ihr alleine durchführen, andere gehen leichter, wenn euch jemand hilft. Und falls ein Experiment nicht sofort gelingt: Nicht den Mut verlieren! Einfach probieren, bis es klappt. Forscher brauchen Geduld. Doch es lohnt sich, denn bei jedem Experiment werdet ihr ein wenig mehr von den großen Wundern dieser Welt verstehen!

Tanzende Schlange

Du brauchst:
- ein Blatt Papier
- Faden
- bunte Stifte

Schneide aus dem Papier eine Spirale und male sie bunt an. Hänge die Spirale an einem Faden über die Heizung oder den Fernseher.

Was passiert?
Die warme Luft steigt nach oben – und die Spirale dreht sich!

Die Gefriertruhen

Im Supermarkt stehen Gefriertruhen mit Tiefkühlpizza, Eiscreme oder anderen Fertigwaren. Zur Sicherheit sind sie mit einem Deckel verschlossen. Aber eigentlich ist der Deckel überfüssig. Denn die kalte Luft bleibt immer unten in der Gefriertruhe, sie steigt nie nach oben!

Feuerlöscher gefällig?

Du brauchst:

- eine brennende Kerze
- einen Trichter

Stelle eine brennende Kerze vor dich hin. Halte einen Trichter davor und versuche, durch den Trichter hindurch die Kerze auszublasen.

Was passiert?

Die Kerze lässt sich nicht so leicht ausblasen! Die Luft strömt am Rande des Trichters entlang. In der Mitte entsteht ein fast luftleerer Raum. Schau dir das auch mal von der Seite an, wenn jemand anderes es macht – die Kerzenflamme wird in den Trichter hineingesogen!

Wind an den Häuserecken

Hast du das auch schon einmal erlebt? Du gehst durch eine schmale Gasse und der Wind pfeift hinter dir her. Kaum kommst du an die nächste Ecke, bläst dir auf einmal der Wind von vorne ins Gesicht! Die Gasse wirkt dann wie der Trichter.

Der unmögliche Luftballon

Du brauchst:

- eine Flasche
- einen Luftballon
- einen Trinkhalm

Stecke den Luftballon in die Flasche. Versuche, ihn aufzublasen.

Was passiert?

In der Flasche ist viel Luft. Sie drückt gegen den Ballon. Egal, wie fest du pustest – es wird dir nicht gelingen, den Luftballon aufzublasen.
Wenn du den Strohhalm neben den Luftballon einführst, kann die Luft aus der Flasche entweichen. Dann erst dehnt sich der Luftballon aus.

Druck auf den Ohren

Im Aufzug bekommst du manchmal einen Druck auf den Ohren: Der Höhenunterschied bewirkt eine Veränderung des Luftdrucks im Aufzug. In deinem Ohr ist ein mit Luft gefüllter Hohlraum, das Mittelohr. Es will sich jetzt entweder zusammenziehen oder ausweiten – das geht aber nicht im Ohr! Also tut es weh. Da hilft nur eins: Mit dem Kiefer knacken, so öffnet sich ein Luftkanal – wie der Trinkhalm bei dem Versuch!

illiger

Eine Knitterflasche

Du brauchst:

- eine Plastikflasche mit Schraubverschluss

Spüle die Plastikflasche mit heißem Wasser aus und verschließe sie sofort luftdicht. Anschließend legst du sie ins Eisfach und wartest ab.

Was passiert?

Die Luft in der Flasche kühlt ab und braucht weniger Raum. Nun drückt die Luft von außen auf die Flasche und presst sie zusammen!

Die Thermoskanne

Skifahrer nehmen gerne warme Getränke mit auf die Piste. Wer jedoch die Thermoskanne über Nacht im Schnee vergisst, erlebt am nächsten Tag eine böse Überraschung. In der Kanne hat sich die warme Luft abgekühlt und sich daher zusammengezogen: Es ist ein Unterdruck entstanden. Am nächsten Morgen finden sich nur noch Scherben in der Kanne.

12

Das Luftkissenboot

Du brauchst:
- einen Plastikbecher
- den Deckel einer Verpackung

Schneide den Boden des Bechers heraus. In den Verpackungsdeckel schneidest du eine Öffnung, gerade so groß, dass der Becher hineinpasst. Lass dir dabei helfen! Jetzt bläst du von oben in den Becher hinein.

Was passiert?
Die Luft versucht unten aus der Packung zu entweichen – und hebt so dein „Boot" hoch.
Bastelt zwei Boote – und macht ein Wettrennen!

Hovercrafts

Luftkissenfahrzeuge, auch Hovercrafts genannt, zählen zu den einzigen Fortbewegungsmitteln der Welt, die sich in Eis- und Sandwüsten genauso schnell und sicher bewegen wie auf hoher See. Auf ihren Luftkissen werden sie bis zu 130 Stundenkilometer schnell!

Starker Atem

Du brauchst:
- einen Luftballon
- Bücher, Autos usw.

Lege einen unaufgeblasenen Luftballon unter ein Buch oder ein Spielzeugauto. Blase nun den Ballon auf.

Was passiert?
Das Buch oder das Auto lassen sich ganz einfach hochheben!
Der Versuch gelingt leichter, wenn du den Ballon vorher schon einmal zum Test aufgeblasen hattest.

Wagenheber mit Luft

Mit der Kraft der Luft arbeiten viele Wagenheber. Die Druckluft schießt in die Zylinder und hebt das Auto ohne Mühe hoch!

3, 2, 1 Start!

Du brauchst:
- eine Plastikflasche
  mit Schraubverschluss
- zwei Trinkhalme (verschieden dick)
- Knete

Bohre ein Loch in den Schraubverschluss, gerade so groß, dass der dünnere Trinkhalm hindurchpasst. Lass dir dabei helfen! Dichte das Loch mit Knete ab. Schneide von dem dicken Trinkhalm ein kurzes Stück ab und verschließe ein Ende mit Knete. Stecke es auf den dünnen Halm. Dann drückst du die Flasche zusammen.

Was passiert?
Die Luft in der Flasche wird zusammengepresst und will sich ausdehnen: Der Druck schießt den oberen Strohhalm durch den Raum!

Kirschkern-Weitspucken

Die höchste Weite beim Kischkernspucken erzielt, wer viel Luft im Mund zusammenpressen kann. Wer es dann schafft, diese Luft in einem ganz kurzen Moment auf einmal freizulassen, schickt den Kirschkern auf einen langen Flug.

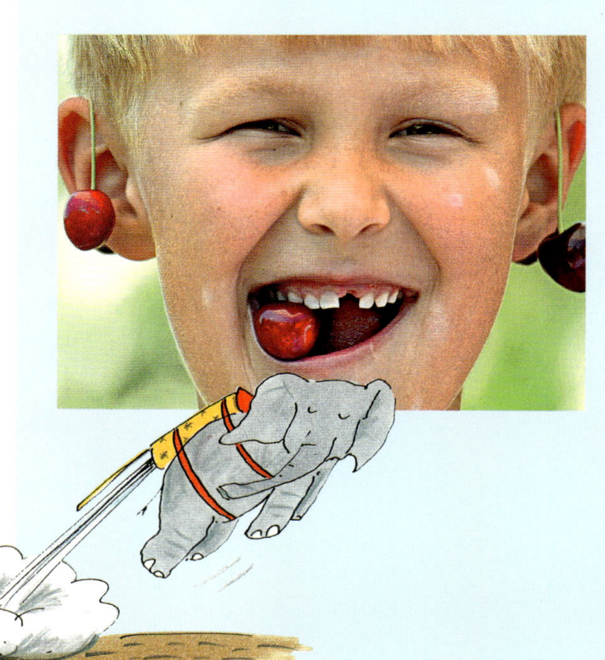

Luft als Klebstoff

Du brauchst:
- einen Luftballon
- eine Tasse

Halte einen Luftballon in eine Tasse und blase ihn auf. Wenn du nicht mehr weiterblasen kannst, hebst du den Luftballon hoch.

Was passiert?
Der Luftballon hält ohne Probleme die Tasse fest – sie wird nicht herunterfallen!

Saugnäpfe

Die „Klebstoffkraft“ der Luft wird bei vielen Halterungen ausgenutzt. Im Badezimmer zum Beispiel werden oft Handtücher oder Waschlappen an Saughaken gehängt.

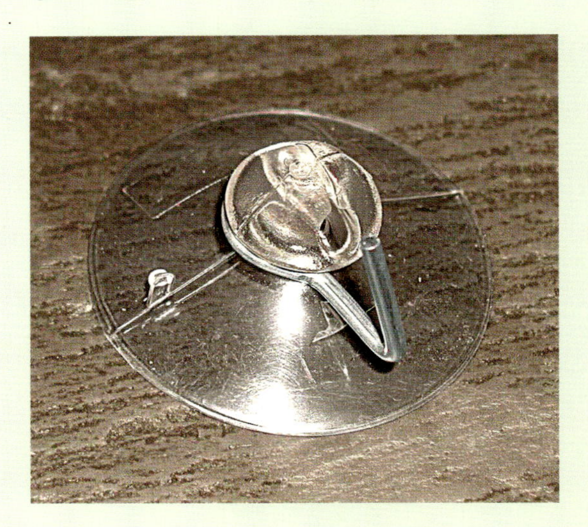

Kalte Zwerge, warme Riesen

Du brauchst:
- einen Luftballon
- ein Maßband

Blase den Luftballon im Haus auf und lasse ihn in der Nähe einer Heizung für einige Zeit liegen. Lege das Maßband um den Ballon und miss seinen Umfang. Dann legst du den Ballon für einige Zeit in die Kälte nach draußen oder über Nacht ins Eisfach und misst noch einmal.

Was passiert?
Warme Luft braucht mehr Platz. Der warme Ballon ist daher größer.

Dichte Deckel

Beim Marmeladekochen nützt man aus, dass kalte Marmelade weniger Platz braucht als warme. Die Marmelade wird so heiß wie möglich in die Gläser gefüllt und das Glas sofort verschraubt. Wenn die Marmelade abkühlt, zieht sie sich zusammen. So wird der Deckel ganz dicht auf das Glas gepresst. Das merkst du daran, dass der Deckel beim ersten Öffnen knackt!

60 61 62 63 64 65 66 67

Ein Fallschirm

Du brauchst:
- ein Küchtentuch
- Faden
- Klebefilm
- Büroklammern

Klebe vier Bindfäden mit Klebefilm an die Ecken des Küchentuchs. Verknote sie unten und beschwere sie mit Büroklammerm. Nun lass den Fallschirm schweben.

Was passiert?
Das Küchentuch schwebt!

Gleitschirm

Genauso wie dein Fallschirm, so gleiten auch Gleitschirmflieger wie auf einem Luftpolster ins Tal. Je größer der Schirm, desto ruhiger ist der Flug.

Verliebte Bälle

Du brauchst:
- zwei Buntstifte
- zwei Tischtennisbälle
- Klebefilm
- einen Trinkhalm

Befestige die Stifte mit Klebefilm in einem Abstand von zwei Zentimetern genau parallel auf dem Tisch. Lege die Bälle darauf. Versuche nun, sie auseinander zu blasen.

Was passiert?
Die Luft zwischen den Bällen strömt schneller als die Luft außen. Dadurch entsteht zwischen den Bällen ein Unterdruck: Statt auseinander zu weichen, werden die Bälle immer aufeinander zu rollen und sich nicht trennen lassen!

Der klebende Duschvorhang

Auch unter der Dusche gibt es schnell strömende Luft. Sie wird durch das Wasser aus der Dusche bewegt. Die Luft zwischen dem Duschvorhang und dir strömt also schneller als die Luft draußen. Die Folge ist, dass sich der Duschvorhang nach innen wölbt und meist am nassen Körper kleben bleibt.

Ein Glas Luft, bitte!

Du brauchst:
- ein Gefäß mit Wasser
- zwei Gläser

Drücke ein Glas so ins Wasser, dass die Luft darin bleibt. Das andere Glas darf sich mit Wasser füllen. Halte nun das „Wasserglas“ mit dem Ausguss nach unten. Bewege das Luftglas leicht so, wie auf dem Bild zu sehen ist.

Was passiert?
Die Luft steigt aus dem „Luftglas“ nach oben in das Wasserglas!

Das Wasser in der Brille

Wer richtig Tauchen will, muss zuvor einen Trick lernen: Wie entfernt man im Notfall unter Wasser das eingedrungene Wasser aus der Taucherbrille? Dazu muss der Taucher die Brille abziehen und von unten hineinblasen. So verdrängt er das Wasser aus der Brille!

Ein flotter Flieger

Du brauchst:
- einen Trinkhalm
- buntes Papier
- Klebefilm

Klebe zwei verschieden lange Papierstreifen zu einem Ring zusammen. Befestige sie an je einem Ende des Trinkhalms. Achte darauf, dass du sie an der gleichen Seite des Halmes befestigst! Nun lässt du den Flieger sanft fliegen.

Was passiert?
Auch wenn der Flieger nicht nach Flieger aussieht – er hat hervorragende Flugeigenschaften!

Flugobjekte

Wenn etwas ruhig im Wind stehen soll, muss es nicht unbedingt Flügel haben. Windhosen zur Windrichtungsbestimmung zum Beispiel sind immer als Röhren gebaut. Auch so mancher Flugdrachen hat eine Röhrenform.

Tanzende Münzen

Du brauchst:
- eine leere Flasche
- eine 50-Cent-Münze

Lege eine leere Flasche für einige Zeit in den Kühlschrank. Wenn du sie herausholst, feuchtest du die Öffnung an und verschließt sie sofort mit der Münze. Nun legst du deine Hände an die Flasche und wartest.

Was passiert?
Die kalte Luft in der Flasche wird durch deine Hände erwärmt, dehnt sich aus und will aus der Flasche hinaus. Nach kurzer Zeit beginnt daher die Münze wie von Geisterhand zu tanzen. Manchmal springt sie sogar herunter!

Ein Pfeifkessel

In manchen Haushalten ist noch ein Pfeiftopf zu finden. Wenn der Dampfdruck im Topf groß genug ist, sucht der Dampf einen Ausgang. Die Öffnung dieser Töpfe enthält eine kleine Pfeife. Sobald also das Wasser kocht und die heiße Luft nach oben drückt, ist das unüberhörbar!

Alles nur heiße Luft

Du brauchst:

- eine dünne Mülltüte
- einen Pappstreifen
- einen Föhn
- Klebefilm

Klebe den Pappstreifen zu einem Ring zusammen. Der Ring muss so groß sein, dass du problemlos mit dem Föhn hineinblasen kannst. Befestige die Mülltüte um den Ring herum. Blase nun warme Luft durch den Ring in die Tüte – und lass die Tüte los!

Was passiert?

Die warme Luft steigt nach oben. Sofort bläht sich die Tüte auf – und steigt auf.

Ein Heißluftballon

Auch ein großer Heißluftballon erhält seinen Auftrieb allein durch heiße Luft. Die Ballonhülle dient dabei zum Umfassen dieser heißen Luft. Je nach Größe des Ballons kann er mit bis zu 20 Personen durch die Luft fahren!

Der Superdrink

Du brauchst:

- viele Trinkhalme oder einen dünnen Schlauch
- Klebefilm

Klebe viele Trinkhalme mit Klebefilm ganz dicht zu einem Riesen-Trinkhalm zusammen. Stelle dich auf einen Stuhl oder einen Tisch und versuche nun, Saft aus einem Glas zu trinken.

Was passiert?

Je länger der Trinkhalm ist, desto schwieriger wird es zu trinken. Beim Saugen entsteht im Mund ein Unterdruck. Dadurch steigt die Flüssigkeit nach oben. Irgendwann (bei ungefähr acht Metern Länge) ist das Gewicht der Flüssigkeit im Trinkhalm so hoch, dass die Flüssigkeit nicht mehr weiter steigen kann.

Wie hoch werden Bäume?

Bäume können nicht unendlich hoch werden – denn das Wasser muss noch bis in die Blätter hinaufsteigen können! Wenn das Gewicht des Wassers in den Röhrchen des Baumes zu schwer wird, ist Schluss mit dem Wachsen!

Papier macht Krach!

Du brauchst:
- zwei Trinkhalme
- Papier
- Klebefilm

Klebe je einen Streifen dünnes Papier an die beiden Trinkhalme. Halte die beiden „Fahnen“ vor dein Gesicht und versuche, sie auseinander zu blasen.

Was passiert?
Durch den starken Luftstrom entsteht zwischen den Blättern ein Unterdruck. Dadurch ziehen sich die Blätter an. Aber durch den Atem werden sie auch auseinander geblasen. Die Papierstreifen schlagen daher zusammen und es entsteht ein lautes Geräusch!

Fahnen knattern

Dieser „Bernoulli-Effekt“, benannt nach dem niederländischen Mathematiker Daniel Bernoulli (1700 – 1782), ist auch der Grund für das Knattern von Fahnen. An einem windigen Tag kann das sehr laut werden!

Eine Blumenspritze

Du brauchst:
- einen Trinkhalm
- einen Becher mit Wasser

Schneide einen Trinkhalm im oberen Drittel zur Hälfte ein und knicke ihn an genau dieser Stelle. Nun stellst du ihn in ein Glas mit Wasser und pustest durch das kurze Ende des Halms über das lange Stück hinweg.

Was passiert?
Die Luft, die über den unteren Teil des Strohhalms bläst, zieht das Wasser nach oben – und versprüht es!

Parfüm-Zerstäuber

Die meisten Parfümfläschchen arbeiten mit diesem Prinzip des Zerstäubens. Aber auch viele andere Spritzflaschen, ob für Fensterreiniger, Blumenwasser oder Änliches, versprühen ihren Inhalt auf diese Weise.

Tanzende Luftblasen

Du brauchst:

- zwei Päckchen Backpulver
- 250 ml Essig
- ein großes Gefäß, zum Beispiel ein altes Aquarium
- eine flache Schale, die ins Gefäß passt
- Seifenblasenflüssigkeit

Stelle die Schale in das Gefäß. Löse in der Schale Backpulver mit Essig auf. So entsteht dort ein Gas: Kohlendioxid. Wenn das Blubbern vorbei ist, kannst du vorsichtig Seifenblasen in das Gefäß blasen.

Was passiert?

Die Seifenblasen platzen nicht! Sie tanzen auf dem Kohlendioxid. Jetzt kannst du die Seifenblasen in aller Ruhe betrachten.

Tanz auf dem Gas

Nicht nur Seifenblasen tanzen auf Gas, auch Wasser kann auf Gas tanzen. Das passiert in der Küche, wenn Wasser auf die heiße Herdplatte spritzt. Ein Teil des Wassers verdunstet. Und auf diesem Wasserdampf tanzt der Tropfen noch eine Weile herum!

Essig-
Backpulver
FEINE KÜCHE